REVUE AFRICAINE

PUBLIÉE PAR LA

SOCIÉTÉ HISTORIQUE ALGÉRIENNE

CINQUANTENAIRE DE LA SOCIÉTÉ

FONDÉE EN 1856

PAR

S. EXC. LE MARÉCHAL RANDON

Gouverneur Général de l'Algérie

ALGER
TYPOGRAPHIE ADOLPHE JOURDAN
IMPRIMEUR-LIBRAIRE-ÉDITEUR
2, PLACE DE LA RÉGENCE, 2

1906

REVUE AFRICAINE

PUBLIÉE PAR LA

SOCIÉTÉ HISTORIQUE ALGÉRIENNE

CINQUANTENAIRE DE LA SOCIÉTÉ

FONDÉE EN 1856

PAR

S. Exc. LE Maréchal RANDON

Gouverneur Général de l'Algérie

ALGER
TYPOGRAPHIE ADOLPHE JOURDAN
IMPRIMEUR-LIBRAIRE DE L'ACADÉMIE
2, PLACE DE LA RÉGENCE, 2
1906

PRÉSIDENTS D'HONNEUR DE LA SOCIÉTÉ

1856   S. Ex. le Maréchal RANDON, Gouverneur Général de l'Algérie, **Fondateur**.

1860   S. Ex. le Maréchal PÉLISSIER, Duc de Malakoff, Gouverneur Général de l'Algérie.

1864   S. Ex. le Maréchal DE MAC-MAHON, Duc de Magenta, Gouverneur Général de l'Algérie.

1871   L'Amiral DE GUEYDON (Comte de), Gouverneur Général civil de l'Algérie.

1873   Général CHANZY, Gouverneur Général de l'Algérie.

1879   M. Albert GRÉVY, Gouverneur Général de l'Algérie.

1881   M. TIRMAN, Gouverneur Général de l'Algérie.

1891   M. Jules CAMBON, Gouverneur Général de l'Algérie.

1897   M. LÉPINE, Gouverneur Général de l'Algérie.

1898   M. LAFERRIÈRE, Gouverneur Général de l'Algérie.

1906

BUREAU DE LA SOCIÉTÉ

Président : M. L. PAYSANT (✳, I. ✪, G. O. ✳, G. C. C.), Préfet honoraire, Trésorier général honoraire, 1er Vice-Président de la Société de Géographie d'Alger et de l'Afrique du Nord, membre correspondant de plusieurs sociétés savantes, etc.

Vice-Président : M. BRUNO, J.-B., Président de la Société des Peintres et Orientalistes d'Alger.

— M. GOLY, Directeur du Crédit Lyonnais à Alger.

Secrétaire général : M. DOUTTÉ, Edm. (✳, I. ✪), Chargé de Cours à l'École Supérieure des Lettres d'Alger.

Secrétaire général adjoint : M. YVER (I. ✪), Professeur à l'École Supérieure des Lettres d'Alger.

— — M. BAILLE (✳✳), Interprète au Parquet général d'Alger.

Secrétaire-Archiviste : M. BÉVIA (I. ✪), Architecte, Professeur à l'École d'Art Industriel, à Alger.

Trésorier : M. ROZIS (A. ✪), Chef de la Section des Services Administratifs et Financiers des Territoires du Sud au Gouvernement Général, à Alger.

Archiviste adjoint : M. VOISIN, J.-P., Propriétaire à Alger.

Adjoint-Secrétaire : M. CAPO, Étudiant, à Alger.

Le volume du IIIme trimestre de 1906 (numéro 262) contiendra la liste des membres honoraires et des membres actifs de la Société.

← 1856 — 1906 →

IER JUIN 1906

CÉLÉBRATION DU CINQUANTENAIRE DE LA SOCIÉTÉ

PROGRAMME

DE LA

SOIRÉE - CONFÉRENCE

DONNÉE A 8 H. 1.2 DU SOIR

SALLE BARTHE. — ALGER

1. Allocution du Président...................... M. PAYSANT.

2. Allocution du Vice Président................. M. J. B. BRUNO.

3. Conférence sur « Quelques aperçus et apprécia-
   tions sur la femme musulmane d'Algérie »... Mme Juliette SALMON.

4. Allocution, remerciements et remise d'une plaquette en argent à Mme J. Salmon, par le
   Vice Président........................... M. J. GOLY.

5. Rapport sur les travaux présentés au Concours
   et proclamation des lauréats................ M. A. DERRIEUX.

6. « Le Sphinx », épopée historique avec projections, chantée par....................... M. G. SIMIAN.
   Avec accompagnement au piano, par........ Mlle M. SIMIAN.

FÊTE DU CINQUANTENAIRE

1ᵉʳ JUIN 1906

COMPTE RENDU

Dès 8 heures du soir, une foule nombreuse se presse aux portes de la Salle Barthe, toute tendue de drapeaux, gracieusement prêtés par l'Amirauté et la Direction du Port.

Le bon goût de M. Bévia, architecte, secrétaire-archiviste de la Société, avait présidé à cette décoration qui a été très remarquée.

MM. Guyon-Vernier, Rédacteur au Gouvernement Général, Lieutenant Huot, des Affaires Indigènes, M. Teveux, du Service des Territoires du Sud, commissaires, offraient le bras aux dames, dont les toilettes variées, se mêlant aux uniformes brillants, donnaient à cette fête un aspect de haute élégance mondaine.

A 8 h. 1/2 précises, la musique du 1ᵉʳ Zouaves annonce l'ouverture de la séance.

Le Bureau de la Société prend place sur l'estrade.

Sont présents :

MM. L. PAYSANT, Président ; J.-B. BRUNO et GOLY, Vices-Présidents ; Edm. DOUTTÉ, Secrétaire général ; YVER, secrétaire général adjoint ; J. BÉVIA, Secrétaire-Archiviste ; VOISIN, Archiviste adjoint ; ROZIS, Trésorier et M. le Dʳ A. DURRIEUX, Rapporteur de la Commission chargée de juger et classer les travaux du Concours ouvert par la Société.

Le Président prononce les paroles suivantes :

Mesdames,
Messieurs,

La *Société Historique Algérienne* exprime sa profonde reconnaissance :

A M. le Ministre de l'Instruction publique et des Beaux-Arts, qui lui a accordé une subvention de 300 francs et un objet d'art;

A M. le Gouverneur Général de l'Algérie, qui a bien voulu offrir le 1er prix du concours consistant en une coupe de la manufacture nationale de Sèvres et 100 francs espèces;

A M. le Général commandant le XIXe Corps d'armée, qui a accordé à cette soirée le concours de la Musique du 1er Zouaves.

Elle adresse ses hommages respectueux :

A M. le Gouverneur Général, retenu au banquet des Délégations financières de l'Algérie; à M. le Général commandant le XIXe Corps, en tournée d'inspection; à M. l'Amiral commandant la Marine en Algérie et Tunisie, absent.

Ces hautes autorités, en s'excusant de ne pouvoir prendre part à la célébration de notre « cinquantenaire », ont tenu à s'y faire représenter :

M. le Gouverneur Général, par M. le Commandant Drogue, de sa maison militaire; M. le Général Servière, par M. le Commandant Brunn, de son état-major; M. l'Amiral Percin, par M. le Commandant Chevalier, chef de l'inspection des phares et postes optiques de l'Algérie et de la Tunisie (1).

Le Bureau de la Société remercie au nom de tous : M. le Général commandant la division à Alger; M. le Secrétaire général du Gouvernement Général de l'Algérie; M. le Préfet d'Alger ; qui ont bien voulu honorer de leur présence cette solennité dont le souvenir marquera dans les annales du mouvement scientifique de l'Afrique du Nord.

En saluant ici la présence de MM. les Généraux et Officiers supérieurs du XIXe Corps, il adresse son plus cordial salut à cette vaillante Armée d'Afrique dont les glorieux efforts ont si largement contribué au succès de l'œuvre intellectuelle en Algérie.

Ces paroles sont chaleureusement applaudies; la Musique du 1er Zouaves exécute une brillante Marche militaire.

---

(1) M. le Secrétaire général du Gouvernement général de l'Algérie, ne pouvant assister à la 1re partie de la soirée s'était fait représenter avant son arrivée, par le chef de son cabinet, M. Chambige, administrateur de 1re classe.

M. J.-B. BRUNO, Vice-Président, prend ensuite la parole :

MESDAMES,
MESSIEURS,

La Société Historique Algérienne accomplit un devoir qui lui est particulièrement agréable en remerciant cordialement tous ceux qui ont bien voulu concourir financièrement à la solennité qui nous réunit aujourd'hui.

Ses remerciements s'adressent plus particulièrement :

A la Compagnie Algérienne ;
A la Chambre de Commerce d'Alger ;
Au Crédit Algérien ;
Au Crédit Agricole et Commercial d'Algérie ;
Au Crédit Lyonnais ;
A la Société des Pères Blanc de Maison-Carrée ;
A la Société des Études Algériennes de Paris ;
A la Société de Géographie d'Alger et de l'Afrique du Nord ;
A la Société de Géographie et d'Archéologie d'Oran ;
A la Société Immobilière d'Alger, etc., etc.

Ne pouvant énumérer ici les si nombreuses sympathies qui se sont manifestées à l'occasion du Cinquantenaire de la *Revue Africaine*, elle exprime à tous sa plus vive gratitude (1).

En consacrant cette soirée à la glorification des travaux sérieux et puissants dont la science a fécondé ce sol, elle a souhaité élever un monument durable, non seulement à l'œuvre intellectuelle, mais encore à l'histoire des civilisations qui nous ont précédées sur la terre Africaine.

Elle salue dans les travailleurs d'aujourd'hui les travailleurs du passé.

Elle couronne, dans la limite de ses forces, tous les efforts dont la *Revue Africaine* a toujours si précieusement et si fidèlement recueilli le souvenir.

MESDAMES,
MESSIEURS,

A côté des marques de sympathie que je viens d'énumérer, d'autres témoignages, particulièrement flatteurs, sont encore venus affirmer l'estime qui s'attache à nos travaux de chaque jour.

_____

(1) M. J. B. Bruno a lui même fait don d'une somme de 100 francs.

Voici, entre plusieurs autres, la lettre qu'un illustre savant, M. Héron de Villefosse, a bien voulu nous adresser :

<table>
<tr><td>DIRECTION
DES
MUSÉES NATIONAUX</td><td>*Palais du Louvre.*</td></tr>
</table>

Monsieur le Président,

Je suis particulièrement touché et reconnaissant de l'invitation que vous voulez bien m'adresser au nom de la *Société Historique Algérienne*.

Malheureusement, de nombreuses raisons m'empêchent de me rendre à Alger et de prendre part à la réunion organisée pour la célébration du cinquantenaire de cette savante Société.

Je le regrette très vivement. J'aurais été heureux, en m'associant à vos projets d'avenir d'avoir une occasion nouvelle de remercier encore la *Société Historique Algérienne* des grands services qu'elle a rendus et, en particulier, de la magnifique contribution apportée par elle, depuis un demi-siècle, à l'exploration scientifique de l'Algérie.

J'ose vous prier d'être auprès des membres de la *Société Historique Algérienne* l'interprète de mes remerciements et, aussi, de mes regrets profonds.

Je leur adresse par votre intermédiaire l'expression de ma sympathie la plus entière et la plus cordiale, celle de ma haute estime et de mon entier dévouement.

Veuillez agréer, etc.

A. Héron de Villefosse.

M. le Président de la Société se lève alors et prononce l'allocution qui suit :

Mesdames,
Messieurs,

A peine la France venait-elle de mettre le pied sur cette terre africaine, que notre armée, dans sa marche glorieuse, rencontrait partout et à chaque pas, les restes imposants du *monde antique* !

Il y avait là toute une mine de richesses et de précieux souvenirs, dont il appartenait à la science d'assurer au plus tôt le respect et la conservation.

Après quelques essais auxquels restent attachés les nom du commandant Delamare, de l'ingénieur Fournel, de l'architecte Ravoisié et surtout de Léon Rénier, le plus remarqué de nos explorateurs algériens, une *Société d'Archéologie* fut fondée à Constantine où, sous la présidence actuelle de M. Mercier, l'historien renommé de l'Afrique Septentrionale, nous la retrouvons toujours active, dévouée et heureuse dans ses travaux.

Mais, Constantine était trop éloignée du centre administratif pour que le centre intellectuel de l'Algérie put s'y maintenir et, comme il voulait grouper autour de lui toutes les bonnes volontés, M. le Maréchal Randon, Gouverneur Général de l'Algérie, créa en 1856, la *Société Historique Algérienne*, dont il se réserva la présidence d'honneur.

Aussitôt parut le premier numéro de notre bulletin, la *Revue Africaine*, dont nous nous montrons si fiers, parce qu'elle reste, après cinquante années de publications savantes, de documents appréciés, comme le Grand Arbre de Science aux rameaux duquel chacun est heureux désormais, de venir attacher le fruit de ses plus précieux efforts.

Un homme dont la mémoire tient une place honorée dans l'histoire de l'Algérie, Adrien Berbrugger, inspecteur général des monuments historiques de la Colonie, en prit la présidence.

Ses successeurs furent : de Grammont, le grand historien d'Alger ; Cherbonneau, l'un des fondateurs de la Société d'Archéologie de Constantine ; Sudré, directeur des Domaines à Alger ; Letourneux, président de Chambre à la Cour d'Appel ; Féraud, interprète principal de l'armée ; colonel Rinn, qui a laissé des travaux nombreux et appréciés ; Masqueray, directeur de l'École des Lettres à Alger ; Arnaud ; et enfin, Victor Waille, que j'ai eu le très grand honneur de remplacer en décembre 1903.

De 1856 à 1881, la Société eut pour vice-président, Mac-Carthy, dont le souvenir évoque les premières fouilles méthodiques effectuées dans ce mausolée grandiose du *Tombeau de la Chrétienne*, immense accumulation d'efforts et de misères humaines glorifiant à travers les siècles la puissance éphémère des Rois de Maurétanie !

..... Et sans cesse, sous l'effort continu de ces éminents prédécesseurs, on voit s'accroître la liste des collaborateurs dont les travaux apportent à la *Revue Africaine* le bon renom d'une œuvre exceptionnellement appréciée !

Faut-il citer : Bresnier, de Slane, Dʳ Perron, Devoulx, Becquet, Gorguos, Roland de Bussy, Dʳ Judas, Brosselard, les généraux Daumas, Lewal, Lapasset, Faidherbe, Boissonnet, Flatters, Lamoricière ; MM. Piesse, Florian-Pharaon, capitaine Davenet, Féraud, Mgr Pavie, Mouliéras, Pélissier de Reynaud, Hanotteau, Dʳ Monnereau, Rousseau, etc., etc.

L'énumération en serait trop longue ! On peut dire seulement que si tant de hautes personnalités ont honoré la *Revue Africaine*, toutes se sont trouvé honorées d'y apporter leur collaboration.

..... Entre temps le mouvement intellectuel gagnait l'Algérie tout entière...

A Bône c'est l'*Académie d'Hippone*, qui fut d'abord constituée en *Société de Recherches Scientifiques et d'acclimatation* et dont les travaux se poursuivent actuellement sous la direction éclairée de M. Papier.

A Oran ? c'est la *Société d'Archéologie et de Géographie*. Ce groupement à la tête duquel nous trouvons aujourd'hui un président particulièrement apprécié, M. le D' Gasser, n'a cessé d'interpréter le mot de « géographie » dans le sens le plus large et le plus moderne.

Sa pensée dominante fut toujours la pénétration vers le Sahara et elle peut regarder comme le couronnement de son énergie et de sa persévérance cette ligne de chemin de fer qui aboutit aujourd'hui à Béchar. Les travaux de la Société d'Archéologie et de Géographie d'Oran, sont des plus variés et affirment sans cesse des compétences très remarquées.

..... D'autres associations, telles que l'*Institut de Carthage*, marquent encore leur place dans la grande poussée à laquelle depuis 1870, notre Algérie, — *cette terre classique de l'Épigraphie Latine*, — conviait tous les archéologues ! A ce point de vue on doit une mention toute particulière à la *Société des Missionnaires d'Afrique*.

L'un de ses membres bien connus, le R. P. Delatre, Chevalier de la Légion d'honneur, correspondant de l'Institut, attaché par le Ministère de l'Instruction Publique au Comité des travaux historiques, occupe une place considérable dans la Science archéologique. Il dirige en outre l'important musée Lavigerie à Carthage.

Par plus de 150 publications dont l'ensemble est vraiment magistral, l'Association des « Pères Blancs » s'est placée au premier rang des Sociétés d'études Africaines (1).

Enfin en 1896, la *Société de Géographie d'Alger et de l'Afrique du Nord* se fondait à nos côtés et, dès ses débuts, aspirait à un rôle particulièrement actif dans la vaste entreprise scientifique dont notre colonie reste encore le chantier généreux.

Il ne lui suffit pas d'interroger les ruines, de faire parler les monuments figurés... elle voulut donner à son œuvre une portée plus étendue. Sa forte armée pénétra l'Afrique dans tous les sens et nous lui devons ces intéressantes conférences où des voix autorisées viennent, devant un auditoire toujours choisi, redire les grands faits et les gestes féconds de nos explorateurs.

Elle eut tout d'abord comme Président M. le Prince de Polignac. Mais l'âme de sa création fut certainement M. de Varigny, ancien diplomate, fin lettré, causeur brillant, lequel ne tarda pas à lui succéder.

C'est par M. de Varigny que la Société de Géographie s'organisa et se

---

(1) Signalons au hazard : la magnifique étude du R. P. Mesnage sur « l'Extention du Christianisme chez les Berbères », les Dictionnaires Kabyles du R. P. Huyghe ; la Géographie de l'Afrique Chrétienne par Mgr Toulotte.

mit définitivement à l'œuvre ; aussi a-t-elle conservé à sa mémoire un précieux souvenir.

A son tour l'Amiral Servan, commandant la Marine en Algérie, lui apporta l'appui de sa haute autorité et, enfin, elle confia ses destinées à l'homme heureux qui, — ayant rempli depuis l'origine les fonctions de premier Vice-Président, devait la conduire rapidement vers les sommets.

M. Mesplé, utilement secondé d'ailleurs, par MM. Pelleport, Vice Président ; Demontès, Secrétaire-Général ; Docteur Durrieu, Secrétaire-Général adjoint et les autres membres de son bureau, — dont je m'honore de faire partie (1), — peut regarder avec un orgueil légitime l'œuvre puissante dont il a été le principal artisan.

Par un dévouement de tous les instants, par l'intérêt constant qu'il sut éveiller, il a fait de la Société de Géographie d'Alger et de l'Afrique du Nord, un groupement de premier ordre, un phare radieux vers lequel les intelligences et les forces se trouvent invinciblement attirées !

Parallèlement à ces efforts, — auxquels dans son rôle de doyenne accueillante elle fut toujours si heureuse d'applaudir, — la Société Historique Algérienne, — la sœur aînée, — poursuivait sans arrêt et avec toute l'ampleur que donne l'autorité acquise, la marche de ses propres travaux.

La liste de ses collaborateurs actuels serait trop longue à reprendre ici.

On y trouve les plus grands noms du monde savant :

Snouk-Hurgronge, Goldziher, Wollers et c'est vraiment ici le cas de citer René Basset qui l'année dernière présidait à Alger la grande fête intellectuelle du Congrès des Orientalistes.

. . . .

Je n'aurais garde d'oublier non plus que nous devons un souvenir plus que reconnaissant à mon prédécesseur Victor Waille, le maître distingué qui s'est fait une spécialité si particulièrement goûtée des travaux sur la Maurétanie.

Ce savant aussi modeste qu'accompli, a su mettre en lumière les antiquités de Cherchell, la *Jole* des Carthaginois, cette « Cesarea » dont les souvenirs abondants intéressent même l'histoire générale de la « Rome Africaine ».

. . . .

Depuis de longues années déjà, un arabisant consommé, doublé d'un véritable érudit, M. Fagnan, professeur d'arabe aux écoles supérieures, occupait les fonctions de Secrétaire-Général de la Société Historique Algérienne.

Il a marqué son passage par une série considérable de traductions.

____

(1) M. Paysant, Président de la Société Historique Algérienne est premier Vice-Président de la Société de Géographie d'Alger et de l'Afrique du Nord.

précieuses à plus d'un titre et dont la réunion accentue encore les mérites de notre publication.

A son départ, nous avons eu la bonne fortune de faire accepter la Direction de la *Revue Africaine* (à laquelle il importait de maintenir une incontestable supériorité), à M. Ed. Doutté, professeur à l'École des Lettres.

Malgré toute la réserve que m'impose la présence de ce précieux collaborateur, je ne saurais manquer de dire qu'il est désormais l'âme de notre œuvre et quelle lui doit les sympathies élevées qui nous entourent.

Aussi, avons nous été profondément heureux lorsqu'il y a quelques mois, M. Doutté, qui est en même temps qu'un conférencier élégant et apprécié, un vaillant explorateur, a reçu du Gouvernement la Croix de la Légion d'Honneur.

Ajoutons enfin, que dans le bureau de la Société, deux membres en nous quittant nous laissent des regrets grandis par l'importance des services rendus : M. le Commandant Lacroix, chef du Service militaire aux Affaires indigènes et M. le Capitaine Simon.

Une circulaire ministérielle en interdisant aux officiers de faire partie des conseils d'administration, — même des Sociétés Savantes, — nous a privés de ces deux collaborateurs ;

Les regrets dont je me fais ici l'interprète, sont d'autant plus vifs qu'ils représentaient à nos côtés cette vaillante armée d'Afrique dont les gestes glorieux ont ouvert à la Science un champ si vaste et si fécond.

. . . .

Et pour en terminer avec nos nombreuses dettes de cœur, rappelons que depuis leur fondation, les Écoles Supérieures ont bien voulu, entre autres témoignages de sympathie, abriter notre importante bibliothèque.

Remercier ici M. le Recteur de l'Académie, MM. les Directeurs des Écoles et les professeurs éminents qui les entourent, est pour nous, un devoir particulièrement agréable.

Combien, aussi, ne devons nous pas de gratitude à l'aimable conservateur de la Bibliothèque d'Alger, M. Maupas, qui a toujours accordé une si large hospitalité à nos réunions !

Sans doute il m'en voudra de cette indiscrétion, mais nous tenons à ce que l'on sache que derrière ce fonctionnaire, aussi sympathique que modeste, il y a un savant dont les découvertes et les théories biologiques font désormais autorité dans le monde scientifique.

Disons enfin que notre premier bulletin : paru en 1856 et les 250 qui suivirent jusqu'à ce jour, sont tous sortis des presses d'une même maison, l'imprimerie Bastide appartenant aujourd'hui à son héritier et successeur, Adolphe Jourdan, notre excellent compatriote, actuellement Président du Tribunal de Commerce d'Alger et officier de la Légion d'honneur.

Une collaboration d'aussi longue durée est toute à l'éloge et de l'éditeur et de notre Société !

***

Telle est Mesdames, Messieurs, la genèse du mouvement scientifique en Algérie et en particulier, de cette Société Historique Algérienne qui célèbre aujourd'hui le cinquantième aniversaire de sa fondation.

Si, après un demi siècle de travaux considérables, elle reste encore peu connue du public, c'est que, consacrant tous ses soins, toutes ses ressources à cette *Revue Africaine* qui comptera dans l'avenir comme le plus complet des monuments élevés à l'histoire entière de l'Algérie, elle a toujours vécu concentrée dans une athmosphère de constante aspiration vers un mieux idéal !

Grouper autour d'elle cette élite intellectuelle pour qui la seule appréciation de compétences incontestées reste la récompense la plus flatteuse, la récompense toujours souhaitée, souvent obtenue, telle fut son unique, sa constante ambition.

Aussi, la *Société Historique Algérienne* a-t-elle, plus que toute autre peut-être, subi cette loi d'isolement qui veut, — bien à tort selon nous, — qu'une sorte de ligne de démarcation ait toujours existé entre les groupements des « hommes d'étude » et la « Société mondaine » proprement dite.

Pour celle-ci, l'homme d'étude est presque un étranger !...

Ses travaux, il est vrai, ont le tort d'emprunter une langue qui ne saurait nous être familière, parcequ'il est autrement agréable, autrement doux, d'entendre celle qui berça notre enfance et qui reste toujours si élégante et si bien faite pour cueillir la fleur des belles choses !

C'est en grande partie pour cela que cet homme d'étude, ce laborieux, ce passionné de science ou de littérature, porte toujours et quand même aux yeux du monde, la tache originelle du *vieux savant* d'autrefois !

Qu'il soit jeune ou vieux ce savant, la légende veut qu'il nous apparaisse maussade et rigide, le plus souvent inutile ! Et l'on s'en détourne, quitte à revenir vers lui surpris et émus, le jour où son œuvre s'épanouit retentissante en un bienfait appréciable ou en une grande découverte !!

Car, Mesdames, Messieurs, c'est ce *vieux savant* dont notre ironie fait parfois si bon marché, c'est ce travailleur dont le plus souvent, nous fuyons l'ennuyeux voisinage, qui prépare dans l'ombre de sa vie fermée, les grandes œuvres et les découvertes magistrales ! L'heure venue, elles éclatent lumineuses et font gravir à notre monde étonné une marche de plus vers les sommets de la perfection humaine !

N'est ce pas dans le creuset des « Vieux Savants » que Pasteur a puisé sa gloire, et l'humanité une parcelle de sécurité ?

... Et ces travailleurs obscurs qui ont préparé l'œuvre de Rœtgen et l'immortalité de Curie ! qui nous dira jamais leurs noms !.... vieux savants,.... vieilles histoires !.... Vieille histoire aussi, celle de Fulton dont la France vient de glorifier le nom en célébrant cette année, le « Centenaire de la navigation à vapeur ! »

Certes, tous les vieux, — ou jeunes, — savants de la « Revue Africaine » ne prétendent pas atteindre à ces hauteurs !

Beaucoup d'entre eux ne sont que de modestes exécutants dans l'orchestre magistral qui sonne, pour l'humanité, les fanfares de la marche au progrès....

Mais ces infiniments petits n'en sont pas moins les précurseurs des infiniments grands et nous leur devons notre sympathie comme nous devons aux autres toute notre admiration.

Et, d'ailleurs, ne croyez pas que tout cela se résume en une question de science pure ! Il y a entre les cinquantes années d'efforts que votre présence consacre ce soir et l'avenir de la France Africaine, un lien solide que l'on ne saurait méconnaître. Si l'on en doutait, il suffirait de rappeler, ici, ce fait concluant qu'aux Congrès des Sociétés Savantes et des Orientalistes tenus l'année dernière à Alger, les trois personnalités appelées à prendre la parole en séance solennelle de clôture, ont spontanément et instinctivement développé cette pensée que : « *l'étude du* « *passé n'est pas toujours une curiosité d'archéologue et quelle peut* « *offrir de précieuses leçons aux hommes d'aujourd'hui !* »

Cette phrase si précise et si vraie je la trouve dans le joyau ciselé, dans la page étincelante qu'est le discours de M. Gsell, parlant comme professeur à l'école des lettres, au nom des Écoles Supérieures.

Avant lui, l'illustre archéologue Héron de Villefosse affirmait « *qu'ils* « *ont bien mérité de la France ceux qui, pour la mieux servir, ont fait* « *de l'Afrique leur seconde patrie !* »

Et, enfin, c'est la parole autorisée de M. le Ministre de l'Instruction publique qui nous affirme en dernier ressort que « *l'Archéologie n'est* « *pas uniquement la science du passé ! Elle peut être dans une certaine* « *mesure, — dit-il, — la conseillère du présent.*

« *Constater ce que Rome avait fait dans ce pays, c'est nous rappeler ce* « *qu'on doit y faire et quel doit être notre rôle !* »

Celui de la Société historique algérienne a donc été et sera encore, de réunir dans cette publication désormais consacrée de la *Revue Africaine*, tout ce qui, par le travail, par les recherches, par la science enfin, peut apporter une parcelle d'intérêt à l'œuvre algérienne et africaine.

Et c'est pourquoi, au lendemain même de cette soirée qui résume pour nous toutes les joies du succès, notre Société reprenant ses habitudes de modeste labeur, retrouvera dans les veillées silencieuses de sa vie ordinaire, le souvenir touchant de votre affectueuse présence !

Quoiqu'il arrive, les hommes de travail qui sont l'âme de notre œuvre emporteront d'ici comme le rayonnement d'une influence nouvelle toute de charme, de grâce et de beauté !

Et qu'ils soient historiens, arabisants ou archéologues, qu'ils demandent à la terre ou à l'humanité leurs plus précieux secrets, ils reconnaîtront et proclameront qu'en tout cas la nature fut plus généreuse encore que la science puisqu'en créant cette fleur vivante qu'est la femme, elle sut donner : à la « société mondaine » sa parure et sa raison d'être ; au « Vieux Savant » l'aimable et douce compagne des travaux de chaque jour ; à la Société Historique Algérienne, l'encouragement puissant d'une inoubliable soirée !!!

Ce discours terminé aux applaudissements répétés de l'auditoire, M. Paysant donne la parole à Mme Juliette Salmon, dont la conférence : *Quelques aperçus et appréciations sur la femme musulmane d'Algérie,* a été particulièrement remarquée :

J'ai été choisie, et je ne me rends pas encore très bien compte de ce qui me vaut l'honneur qui m'est échu, j'ai été choisie, dis-je, en ce jour de cinquantenaire de la Société Historique Algérienne pour vous faire une causerie sur un sujet à mon gré.

Mon embarras a été grand en face de l'épreuve que m'a imposée le très sympathique Président de la Société, qui s'est imaginé, avec son indulgence et sa bonne grâce coutumières, que j'étais capable de vous intéresser. La tâche me semblerait pleine de dangers si je n'étais assurée à l'avance que, même mauvaise conférencière, une femme, dans notre galant pays de France, est toujours pardonnée. Au reste, soit dit pour vous tranquilliser, M. Paysant ne m'a donné la parole que pour une demi-heure.

Mesdames,
Messieurs,

Rien ne pouvait plus me tenter que de vous parler de la Femme, sujet complexe s'il en fût. Ma causerie aura donc pour titre « *Quelques aperçus et appréciations sur la femme musulmane d'Algérie* ».

Ce sujet semble avoir été épuisé déjà par des hommes autorisés et propriétaires d'un gros bagage scientifique et littéraire : les Doutté, les de Galland, les Paysant, pour ne citer que ceux qui sont le plus près de nous. Pourtant, je crois qu'il est nécessaire qu'une femme apporte

3

aussi a cette étude la contribution de ses observations et qu'elle ait le courage de faire entendre ce qui n'a pas été dit.

Dans mes nombreux voyages en Algérie, j'ai été à même de voir de très près la femme indigène de toutes les classes, depuis la noble « Maraboute », jusqu'aux femmes des Oulad Sidi Hadjérés, pauvres mesquines qui ont pour tout métier de casser les pierres sur nos chemins.

J'ai établi des comparaisons de classe à classe et, à mon point de vue féminin, je trouve qu'il serait imprudent de faire évoluer la femme musulmane dans le sens de notre civilisation, de lui arracher son bonheur que nous ne comprenons pas, pour lui imposer le nôtre dont elle ne saurait que faire.

Une des causes de l'apparent esclavage de la femme musulmane est la polygamie, fille de l'utilité, de l'orgueil et plus souvent du plaisir. Ce que nous appelons, dans nos pays du Nord : l'Amour, — qui croît dans la solitude, fleurit dans l'absence, s'exalte dans le dévouement et s'épure dans le sacrifice, — est inconnu des Orientaux, ou tout au moins, est l'exception : lorsqu'il apparaît chez eux, cet amour fait table rase des habitudes ancestrales et alors, la femme devient la maîtresse absolue et son influence est considérable.

Personnellement, je suis ennemie de la polygamie, mais reconnaissons que celle des honnêtes musulmans peut regarder, sans rougir et en face, la monogamie hypocrite de beaucoup de chrétiens !

Aux yeux du Prophète, la femme est créée pour l'homme, elle lui est inférieure ; c'est un être imparfait, vivant dans les ornements et les parures et qui est toujours prêt à disputer sans raison, — que l'on doit traiter avec bonté (*Des Femmes*, chap. IV, verset 33) ; mais que l'on doit réprimander et battre à l'occasion (*Id.*, verset 28).

Mais nous, femmes chrétiennes, n'avons nous pas été jugées inférieures aussi par le catholicisme ? Il n'a consenti à nous reconnaître une âme, ou plutôt un cerveau, que le jour où l'église a compris qu'en accordant aux femmes la faculté de penser et d'être par cela même l'égale de l'homme au point de vue intellectuel, elle gagnait à sa cause un puissant auxiliaire. L'avenir a prouvé que l'Église avait raison.

Le Coran est en retard à ce point de vue, puisqu'il n'a pas voulu reconnaître à la femme le droit au raisonnement.

La femme indigène se venge de son apparente servitude par une coquetterie de tous les instants. Son esprit est fertile en ruses. Elle sait qu'elle joue sa vie chaque fois qu'elle oublie ses devoirs. Qu'importe ? La tutelle sévère sous laquelle elle est tenue l'incite à tout braver ; elle est comme l'enfant auquel on a défendu certains jeux dangereux et qui n'est tenté par ces jeux que parce qu'il y a défense.

Mais combien de femmes chrétiennes n'oseraient pas lui jeter la première pierre !

Le divorce autorisé par la loi musulmane est très fréquent ; — il l'est aussi, hélas ! chez nous, malgré notre émancipation.

La femme arabe divorcée jouit d'une grande liberté : elle est absolument libre de ses actions, circule à visage découvert et mène quelquefois une existence des plus mouvementées.

Au contraire, les femmes divorcées, en France, sont tenues à beaucoup de réserve ; peut-être plus qu'une jeune fille. Cela tient à l'état de société où nous vivons qui force la femme à redouter le « qu'en dira-t-on. »

Vous voyez que déjà, dans ce cas, la femme européenne est moins libre que la femme musulmane.

La valeur d'une femme indigène, dans la classe moyenne, s'estime, à 12 ans sur sa figure, à 20 ans sur les services domestiques qu'elle peut rendre : j'entends, par cette expression, son habileté dans la confection des divers ouvrages, exécutés par les femmes. A 35 ans, finie, usée, elle n'a plus qu'une part indirecte à la vie commune. Elle peut rester puissante cependant et avoir la haute main sur la direction de l'intérieur et des autres femmes, si elle a su, dans ses années de jeunesse et de fécondité, prendre un ascendant suffisant.

Chez nous, à de rares exceptions près, la femme s'estime à la valeur de sa dot. J'ai entendu porter à ce sujet un jugement sévère par la fille d'un caïd, élevée dans une de nos écoles : « Chez vous, me dit-elle, la femme achète son mari. C'est injuste puisqu'elle lui offre déjà sa vie et sa beauté. »

La loi coranique a fait de la femme un instrument de maternité incessante. Lorsque la femme indigène devient mère, elle est l'objet de plus d'attention. Si grossier que soit l'indigène, il comprend que la femme, à ce moment sacré, a besoin de plus de soins et de plus d'indulgence.

Elle n'est pas plus malheureuse que la femme de notre pays qui, paysanne ou ouvrière, ne cesse de travailler que la veille, ou le jour même, de la délivrance.

Elles sont vaillantes dans l'accomplissement de leur devoir maternel ces femmes que nous jugeons inférieures à nous ! Les soins qui leur sont donnés sont rudimentaires, aussi en meurt-il beaucoup à ce moment. Comme consolation, le Prophète a dit : « La femme qui meurt alors occupera, dans le Paradis, une place exceptionnelle ». Récompense bien aléatoire, mais qui aide certainement ces pauvres créatures à souffrir et à mourir.

Le préjugé qui faisait considérer la naissance d'une fille comme un malheur a presque complètement disparu ; tout au plus y a-t-il une sorte d'atténuation dans la joie que l'on manifeste autour de l'accouchée.

Cette atténuation ne se constate-t-elle pas souvent aussi dans nos pays ?

Mohammed blâme énergiquement dans le Coran cette façon de penser.

Je dis que ce préjugé a presque disparu. J'en eus la preuve au cours d'une cérémonie à laquelle j'eus la bonne fortune d'être invitée par le chef des Ben Abid, au bordj de Maoklan. Une de ses belles-sœurs venait d'avoir deux jumeaux, un garçon et une fille. Toute la famille réunie attendait son chef, à qui il appartenait de donner des noms aux deux enfants.

Nous arrivâmes en vue du bordj vers 8 heures du matin. Notre entrée très impressionnante se fit au bruit d'une tempête de coups de feu et de *you-you* retentissants, saluant le chef de famille entouré de tous les siens qui lui baisaient les pieds et les mains, comme à un Dieu. Nous mîmes pied à terre et, accompagnant le chef, j'allai voir la jeune mère. La cour du bordj était envahie de femmes en toilettes de soies claires, la tête couverte de voiles argentés, les bras et les jambes ornés de bijoux précieux. Mon costume d'amazone faisait triste figure au milieu de ce chatoyant essaim, qui trouva sûrement que la femme d'un kébir français était bien mal accoutrée.

Pour en revenir à la double naissance des bébés indigènes, je vis briller la même joie dans les yeux du père, lorsqu'il présenta au chef de famille son fils et sa fille, que ce dernier embrassa avec une égale tendresse. La jeune mère encore toute endolorie de sa double maternité regardait son fils avec amour, elle l'aimait déjà comme un être supérieur qui appartenait à la forte race des mâles ; elle regardait aussi, avec le même profond amour, la frêle petite créature qui serait femme comme elle, et qui, comme elle aussi, continuerait la race.

La femme musulmane n'apprend pas à prier ; elle espère cependant une place dans le Paradis où les femmes sont toujours belles, toujours vierges, toujours aimées.

*
* *

Après ces quelques généralités, faisons connaissance, si vous le voulez bien, avec les femmes de chaque condition. Ne vous étonnez pas si je vous présente d'abord la femme de mœurs libres.

Que cette figure n'effarouche personne. Les quelques détails que je dois à cette étude n'ont rien de choquant pour nous.

Dans notre civilisation, la femme de cette catégorie est jugée sévèrement ; cela tient à des causes multiples qu'il serait trop long d'expliquer ; l'état est avilissant.

Chez la femme musulmane au contraire, on retrouve une sorte de parfum antique. Les Oulad Naïls, ne ressemblent-elles pas, dans leurs ajustements barbares et chatoyants, aux courtisanes sacrées de Babylone, de Ninive, d'Alexandrie, qui se paraient pour leur Déesse de bijoux éclatants, de coiffures royales, de ceintures brillantes, de bracelets tintants? N'avivaient elles pas leurs yeux et leurs lèvres et n'attendaient elles pas, près des temples de l'Astarté, les désirs des foules? Dociles au premier appel et adorant la divine amoureuse en lui faisant l'offrande de leur beauté ?

On peut voir aujourd'hui à Boghari, à Djelfa, à Biskra les Oulad-Naïls rangées à la file devant leurs portes basses, coiffées de leurs énormes turbans d'où pendent des tresses de laine et des anneaux bruissants, le corps droit... et rien, dans leur attitude, n'éveille aucune pensée perverse. Elles s'offrent avec une suprême douceur mêlée d'indifférence ; puis, lorsqu'elles ont fait une petite fortune, elles retournent dans leur tribu, avec leurs coffrets peints, remplis de costumes, de bijoux, de pièces d'or et d'argent, et elles se marient.

Cet état compte si peu pour les musulmans d'Algérie que, dans une tribu de l'Aurès, chez les Azriat de l'Oued Abdi, on se marie en hiver et on divorce au printemps. Cette particularité s'explique par le mauvais temps, très dur dans l'Aurès en hiver, et qui empêche la visite des galants. Lorsque une Azria a un enfant, elle cesse sa vie trop libre et ne divorce plus (1).

Il m'a été donné d'assister, à Zemmora, ancien village turc situé dans le massif des Bibans, à une fête dansante de ces femmes, vêtues de costumes de soie multicolores, la figure fardée, les yeux agrandis démesurément, le cou entouré de colliers de pièces d'or, de grains de musc, d'ambre et d'encens qui leur faisaient exhaler une senteur troublante ; sur la poitrine, une main symbolique en argent improprement appelée « main de Fatma » et qui reproduit au xxᵉ siècle la main symbolique du mythe chaldéen, mode primitif de la personnification du soleil.

Au son du tobal (tambour) et de la kesba (flûte en roseau) qui font rage, nos danseuses semblent céder à des accents impérieux, à des supplications douloureuses scandées par les Benadria (tambourinaires) et le Zammar (flûtiste) : elles étendent les bras, se dressent, font quelques pas et s'arrêtent les coudes au corps, la tête penchée, les yeux mi-clos, Idoles qui s'offrent !

Puis elles s'avancent en face de nous en glissant au son toujours plus précipité des instruments qui donnent alors une sorte de vertige ; elles abaissent et renversent leurs mains ; leurs hanches s'agitent d'un mouvement presque insensible ; tout à coup, elles se figent dans une pose hiératique : on dirait des statues peintes de déesses inconnues remontant à l'aube des âges.

Je n'ai jamais revu la même danse énivrante, mais presque pudique,

---

(1) Voir : *l'Arabe tel qu'il est* de M. Achille Robert, chapitre des Mœurs, Habitudes, Usages, Coutumes arabes.

dans aucune des autres villes que j'ai visitées en Algérie. Les contorsions épileptiques des danseuses de la Kasba, les déhanchements des Oulad de Biskra ou de Bou Saâda ne peuvent donner qu'une idée ridicule de la jolie fête à laquelle nous avons assisté dans un petit village de montagne, par une belle nuit, loin de toute agitation et qui a fait revivre à nos yeux, en une heure exquise, la danse sacrée des courtisanes devant les autels des religions disparues.

C'est du reste loin des villes qu'il faut rechercher la vérité sur les mœurs des Indigènes. Au contact de nos grandes agglomérations, ces mœurs se sont avilies.

*
* *

Voici maintenant la femme du Fellah ou fermière indigène. Sa condition n'est pas inférieure à celle des femmes du cultivateur français. Levées avant l'aube, couchées tard, ces dernières font certes plus que la journée de huit heures. J'ai vu de très près, en France, ces femmes qui n'ont pour tout horizon que leur village où elles vivent et meurent, après avoir peiné toute une existence sans espoir de repos ; car l'âpreté de nos paysans de France est telle, que le vieillard est considéré comme une bouche inutile et que certes en Algérie, nous n'avons jamais assisté à des scènes plus répugnantes que celles dictées par l'intérêt, dans notre beau pays de France.

La femme du fellah s'occupe de la cuisine, de la fabrication des poteries, de la confection des burnous ; l'entretien de sa demeure n'est pas très fatigant, étant donné la rareté des meubles ; elle trouve, elle, le moyen de se parer pour le seigneur et maître, lorsqu'il rentrera du travail, tandis que nos fermières abdiquant toute coquetterie et lasses, fourbues, ne peuvent même pas mettre un peu de poésie dans leur existence bornée et toute de travail forcené.

J'entends des gémissements poussés sur le sort misérable de la femme indigène des campagnes, que l'homme va jusqu'à atteler avec son âne à la charrue.

Et nos femmes qui, tout le jour, piochent la vigne ou les pommes de terre, pendant que l'homme, le maître, est au marché à vider force verres et rentre le soir ivre et mauvais ! Et nos campagnardes qui, à quarante ans, vieillies, usées, courbées, ne peuvent plus regarder le ciel pour avoir trop travaillé la terre.... !

*
* *

Montons dans l'échelle sociale et prenons la femme des hautes classes arabes, fille ou femme de noblesse militaire ou maraboutique. Là, les alliances sont moins une affaire d'argent qu'une question d'influences de parenté, tout comme ce que nous appelons mariage de raison chez nous.

La femme de grande famille est claustrée, d'accord, mais cette claustration est très relative et lui laisse beaucoup plus de liberté que nous nous l'imaginons généralement.

Les visites, en effet, sont fréquentes entre femmes de la même classe. Elles ont aussi la faculté de recevoir leur parenté masculine.

L'influence de la femme des classes élevées sur l'homme est incontestable : nous pourrions en montrer des exemples très connus. Cela tient à des causes multiples : de par leur famille, leurs alliances, souvent même leur beauté, les femmes forcent leurs maris à compter avec elles et pèsent certainement sur leurs déterminations.

Allez chez un riche indigène, vous sentirez immédiatement l'influence occulte de celle qu'on ne voit pas, mais qui marque d'autant plus fortement son empreinte qu'elle ne se prodigue pas au dehors.

L'Arabe de haute classe ne vous parlera jamais de sa femme, mais il faut croire que cette réserve ne signifie pas qu'il la considère comme inférieure à lui ; cette réserve est née bien plutôt d'un sentiment complexe très difficile à comprendre pour nous ; elle est presque religieuse.

L'Arabe sera toujours très heureux si une des nôtres manifeste le désir de voir ses femmes, et il est à tel point flatté de nous les montrer, qu'il lui sera toujours désagréable que la visite soit improvisée. Il est si fort orgueilleux de ses compagnes qu'il ne vous mettra en contact avec elles que lorsqu'elles se seront armées de pied en cap de tous les artifices de la coquetterie féminine.

Après six années écoulées, je me souviens encore de la mise en scène merveilleuse d'une arrivée à Titest, village de la Petite Kabylie, chez le vénérable agha Ben Geddou, commandeur de la Légion d'honneur.

A la fin d'une matinée délicieuse passée à cheval, dans la forêt de Guert, nous arrivâmes devant la maison de l'Agha qui nous avait invités à déjeuner. Le beau vieillard, drapé de burnous éclatants, sa cravate de Commandeur au cou, nous attendait devant la porte de sa demeure, entouré de sa nombreuse famille et de ses serviteurs. Je mis pied à terre et je fus reçue comme une souveraine, à tel point que je m'imaginai une seconde, moi très modeste femme de fonctionnaire, être la reine de Saba en visite chez Salomon !

Je fis mon entrée dans une salle à manger aux murs nus et dont l'aire en terre battue était couverte de merveilleux tapis. Une table était dressée de façon parfaite : porcelaine, cristaux, linge soigné et... une corbeille de fleurs. Derrière nos sièges, des serviteurs agitaient des palmes. La mise en scène était charmante. Le déjeuner fut délicieux ; cuisine parfaite, vins excellents, convives agréables. J'étais la seule femme admise à cette table ; je n'en étais nullement fâchée ; je m'accommodais fort bien d'être seule adulée, même dans ce milieu indigène.

Après le repas, je manifestai à l'Agha le désir de faire une visite de courtoisie à sa femme. On me pria de bien vouloir attendre quelques moments afin de permettre à la maîtresse de maison de se mettre sous les armes pour me recevoir. J'attendis, sans m'ennuyer ayant beaucoup à observer, au moins une heure et demie, que Lalla ben Geddou fût parée. Et nos maris se plaignent de ce que nous soyons si longtemps à notre toilette !

Enfin, on vint me prévenir que Lalla m'attendait et je pénétrai dans la cour de la maison. Là, je vis une femme grande, un peu forte, à la figure d'impératrice romaine, au port hautain, entourée d'une dizaine de servantes qui, elles aussi, pour éblouir la Roumia, avaient sorti leurs oripeaux multicolores. Aidée par son fils, Mme Ben Geddou me fit de multiples questions. Elle était si loin de se plaindre d'être tenue dans sa maison, qu'elle avait l'air de me prendre en pitié de me donner tant de mal à vivre, tandis qu'il était si simple de laisser couler les jours sans secousse, pour arriver toujours au même but. A quoi bon notre trépidation de tous les instants ?

Cette femme, d'assez haute culture du reste, ne désirait pas ce que nous appelons son émancipation. Sa conversation, sa tenue, tout m'indiquait qu'elle était maîtresse dans sa maison et directrice du ministère intérieur, *Moulet el dar*.

*

Je vais, en finissant, vous présenter une grande figure contemporaine de l'Algérie musulmane, dont vous a déjà parlé M. Charles de Galland. Il s'agit de Lalla Zineb, la maraboute d'El Amel, fille de Si Mohammed Belkacem, un des principaux chefs religieux de l'Ordre des Rahmania, mort en 1897.

Lalla Zineb détenait une puissance incomparable, à la fois temporelle et spirituelle. Héritière et continuatrice de l'œuvre de son père, d'une intelligence très développée, commentateur du Coran, elle avait, sur ses coréligionnaires, un ascendant énorme.

Lorsque j'allai à El-Amel, j'étais poussée non par le désir de visiter la Zaouïa, mais plutôt par la curiosité de voir cette énigmatique figure de vierge musulmane, puissante et vénérée.

On nous fit pénétrer dans une cour ressemblant à un préau de prison, pavée de dalles, avec table et banc de pierre. Dans un coin de cette cour, un escalier, sur les marches duquel était assise une femme.

Mon mari, l'Administrateur de M'Sila et toute notre suite avaient pu pénétrer dans cette cour ; la maraboute était au dessus des lois coraniques.

À notre approche, la femme se leva et je constatai avec étonnement que celle que j'avais prise pour une servante était la vierge puissante, qui commandait à des milliers d'hommes, sans jamais sortir de sa retraite, à l'ombre de la Kouba de Belkacem, son père qui l'avait pétrie à son image et en avait fait son successeur.

Elle avait le visage calme et pâle, une légère myopie lui faisait fermer à demi ses paupières sur un œil intelligent et lumineux. Elle s'avança vers moi et me tendit la main en signe de bienvenue. À ce geste, nos Arabes se précipitèrent et embrassèrent ses vêtements et ses pieds, dans une sorte d'hystérie religieuse. Elle fit un geste de bénédiction puis m'interviewa à l'aide d'un interprète.

Malheureusement, cette visite ne m'apprit rien d'elle ; un abîme nous séparait, un abîme de plusieurs siècles d'atavismes divergents et je quittai El Amel remportant l'image physique de cette créature paisible, souffrant déjà du mal qui devait l'emporter trois ans plus tard, mais étonnée et presque effrayée d'une puissance féminine semblable.

Je ne trouve rien d'équivalent chez nous : Lalla Zineb était une souveraine.

*
* *

Nous venons de voir la place que tient la femme musulmane dans la vie privée. L'histoire nous montrerait sa main et son influence jusque dans la vie publique. Lalla Zineb appartient plutôt à sa religion qu'à sa famille. On a maints exemples de femmes que leur dignité dans la vie domestique appela à l'honneur de siéger sur les bancs de la Djemaâ. Il n'est pas d'exemple, peut-être de manifestations publiques dans les douars auxquelles les femmes n'aient pris part, ne fût-ce que par leur présence ou par l'excitation de leurs *youyou*. Dans les luttes de tribu à tribu, de village à village, la femme est toujours là, encourageant les combattants, criant le blâme, l'injure ou la haine.

Je veux, pour terminer, vous en donner un exemple.

La lutte est ouverte entre deux villages, Aït-Ali et Zaknoun. Le combat se livre, les hommes en sont venus aux mains.

« Autour d'Aït-Ali, autour de Zaknoun, tout en haut des deux pentes qui descendent jusqu'au ravin comme des glacis, des femmes, les pieds nus, les bras nus, poussent de longs cris aigus, qui s'entrecroisent au-dessus des têtes des combattants. Elles sont toutes là, leurs mères, leurs femmes, leurs sœurs, leurs filles, serrées les unes contre les autres, comme les fleurs d'une couronne, même les veuves qui ont perdu leurs hommes dans le dernier combat du printemps, même les révoltées qui ont quitté leurs maris en déclarant qu'elles ne voulaient plus les servir et toutes se sont parées, fardées pour la bataille.

. . . .

» Jeunes ou vieilles, belles comme des idoles ou défigurées par l'âge et les souffrances, elles sont toutes ensemble, les mains entrelacées, les yeux fixes et pleins de flammes, au pied de chaque village, masse confuse de joyaux, d'étoffes éclatantes et de haillons misérables, soulevée d'un seul mouvement, dressée par la haine et la terreur.

» Il y en a qui portent au milieu du front des plaques rondes, vertes ou bleues, entourées de gouttelettes d'argent. Ce sont les mères de l'année, qui ont mis au monde des enfants mâles : elles ont participé à la toute puissance masculine et leur insigne est le disque du soleil. Elles ont enfanté comme la terre, et mieux qu'elle, au lieu d'épis, une moisson d'hommes.

» Presque toutes les autres ont des plaques pareilles sur la poitrine. Celles-là ont donné au village tous les guerriers qui le défendent à cette heure. Les plus graves, les plus grands, les plus sages dans le conseil sont sortis de leurs flancs. Elles les ont tenus près d'elles jusqu'à ce qu'ils fussent assez forts pour manier une arme. Puis elles les ont lâchés comme des lions. Toute la force de la cité, tous ses biens, tout son honneur ont passé par elles, comme une émanation divine, et c'est d'elles que sont descendues comme des fleuves ces deux troupes qui se battent sous leurs yeux ».

J'ai pris cette page dans le livre si intéressant de M. Masqueray, *Souvenirs et Visions d'Afrique*. C'est pour moi le moyen de payer mon tribut d'admiration à ce merveilleux écrivain, qui a apporté un précieux contingent à l'histoire algérienne.

Après cette conférence si goûtée du public, dont les applaudissements ont à plusieurs reprises souligné de nombreux passages, M. J. Goly, Vice-Président, a adressé les remerciements suivants à Mme J. Salmon :

MADAME,

Il n'y a qu'un instant, notre très honoré Président, dans son magistral exposé, nous parlait de la si regrettable ligne de démarcation qui a toujours existé entre les groupements des hommes d'étude et la société mondaine proprement dite.

En acceptant de venir au milieu de nous, en associant ce soir tous les charmes de la femme du monde au talent de la conférencière tant appréciée, vous avez, Madame, rapproché on ne peut plus gracieusement la timidité des uns de la générosité des autres. Aussi, la *Société Historique Algérienne*, forte désormais de sympathies ardemment souhaitées, a-t-elle l'agréable devoir de vous dire ici toute sa reconnaissance.

Elle joint ses applaudissements chaleureux à ceux de votre brillant auditoire et vous prie, Madame, de vouloir bien accepter, en mémoire de cette soirée dont vous êtes le principal attrait, ce souvenir destiné à commémorer le cinquantenaire de la fondation de notre *Revue Africaine*.

M. le Vice-Président remet alors à Mme J. Salmon une superbe plaquette en argent qui restera pour elle un souvenir de ce cinquantenaire.

M. le Président donne ensuite la parole à M. le Dr A. Durrieux, rapporteur de la Commission chargée de juger et classer les travaux reçus en vue du concours ouvert par la Société.

MESDAMES,
MESSIEURS,

Pour fêter dignement le cinquantenaire de sa fondation, la Société Historique algérienne a songé à instituer un concours qui permit aux érudits de l'histoire algérienne de s'associer à cette solennité ; c'est ainsi que fut proposé aux écrivains l'épreuve suivante : *Biographie d'une personnalité défunte ayant bien servi les intérêts de la colonisation en Algérie*, — épreuve dotée de plusieurs prix. — Nombreux furent ceux qui répondirent à l'appel de la Société et qui lui apportèrent le précieux tribut de leur labeur.

La Société Historique avait tenu à laisser aux concurrents une grande latitude dans le choix de leur sujet, et à ne pas décourager, par la désignation d'une personnalité unique, ceux, nombreux, qui pouvaient avoir sur tel ou tel personnage marquant, des documents inédits et intéressants. Dans sa pensée, la Société voulait ainsi que ce concours fut, dans son ensemble, une sorte de livre d'or des grands colonisateurs, la diversité des personnages étudiés devant restituer un ensemble de grandes figures disparues. Peut-être aussi, pensait-elle, une personnalité oubliée, injustement méconnue, un grand colon de la première heure, serait-il remis ainsi en lumière, à la place d'honneur et de gloire méritée. Mais l'Algérie n'est pas ingrate, elle est consciente de ses illustrations, elle n'oublie pas les enfants d'adoption qui ont contribué à sa prospérité et à sa grandeur. Parmi les nombreux mémoires qui nous sont parvenus, aucun ne nous révèle un grand homme méconnu, tous nous offrent l'étude d'une personnalité que l'estime ou la reconnaissance publiques avaient déjà su mettre à son rang. Et ne prenez pas cela pour une critique à l'égard des concurrents, car il y a plus de mérite à donner d'un personnage connu une biographie originale basée sur des documents nouveaux et inédits, qu'à camper de pied en cap la personnalité d'un inconnu.

Parmi les travaux reçus, travaux de mérite, dénotant chez leurs auteurs des efforts de recherche et d'érudition, le choix pour l'attribution des prix ne fut pas sans causer au jury de sérieux embarras : les personnalités étudiées étaient toutes intéressantes, elles étaient décrites minutieusement au moyen de documents précis, elles étaient restituées généralement avec une vigueur et une netteté remarquables.

Comment dès lors établir un choix entre ces œuvres de valeur souvent analogue.

Pourtant, le libellé même du concours proposé permit au jury de faire une première distinction. Les concurrents devaient faire la biographie d'une personnalité défunte *ayant bien servi les intérêts de la colonisation en Algérie*. Il ne s'agissait donc pas simplement de restituer une grande figure algérienne, mais de s'attacher à l'étude d'un grand colonisateur. Une gloire militaire devait, par exemple, céder le pas à une célébrité colonisatrice. Plusieurs concurrents, emportés par leur sujet, ont malheureusement un peu négligé ce point de vue et ont pris pour héros une grande figure, certes digne d'être inscrite au livre d'Or de la colonie, mais dont le rôle de colonisateur fut minime ou incident dans leur œuvre remplie par des travaux et des préoccupations de nature différente. C'est ainsi que Samson Napollon fut seulement un négociateur heureux et dévoué, un commerçant avisé et habile, qui contribua à faire respecter et aimer la France au XVII° siècle en pays barbaresque, sans avoir vraiment songé jamais à coloniser ce pays.

Bézy fut un brillant polémiste et défendit ses idées avec fougue dans les assemblées publiques, sans s'être spécialement attaché aux grands intérêts de la colonisation.

Mac-Carthy est un type d'explorateur savant et opiniâtre dont l'abnégation et le courage méritent la reconnaissance de l'Algérie, sans que ses travaux aient eu en vue l'intérêt spécial des colons.

Le cardinal Lavigerie est une puissante figure qui a tracé dans le sol de l'Algérie son sillon profond, indélébile et bienfaisant. Mais ce sillon fut-il bien celui d'un colon ? Certes, des fondations d'exploitations agricoles prospères et de centres près d'Orléansville restent des actes de colonisation heureux, bien mis en relief particulièrement dans l'un des deux mémoires qu'a suscités la grande figure du cardinal.

Mais il apparaît nettement que ce furent là des incidents, dans cette vie consacrée à d'autres idées, à des œuvres de charité et d'évangélisation, dont ces essais heureux de colonisation devaient seulement contribuer à aider la réalisation.

Pour Maillot, dont la méthode de traitement de la fièvre par l'emploi de la quinine, permit seule de coloniser la plus grande partie de l'Algérie, il est indéniable qu'il est un de ceux qui ont le plus facilité la colonisation et à ce titre tous les colons d'Algérie lui doivent une reconnaissance éternelle. A prendre à la lettre le libellé de notre concours, il n'est pas douteux que Maillot rentre dans son cadre puisqu'il a bien servi les intérêts de la colonisation. Mais, c'est indirectement que ce résultat a été obtenu et lorsqu'en 1836, à l'hôpital militaire de Bône, Maillot appliquait sa méthode, malgré l'opposition acharnée et malveillante de tous, il le faisait simplement pour sauver les soldats qui mouraient par centaines et qui se traînaient clandestinement dans son service « où on guérissait de la fièvre ». Il n'avait certes pas en vue les intérêts de la colonisation, alors plus que problématique, et toute sa vie consacrée à la défense de ses idées, ne montre pas que jamais il ait songé personnellement à les appliquer méthodiquement pour faciliter la colonisation dans certaines régions algériennes. D'autres suivirent ses enseignements, apprécièrent ses résultats et appliquèrent ses méthodes avec succès et pour le plus grand bien des colons. Or, la Société Historique, dans son esprit, désirait évidemment que l'étude portât sur un homme qui, consciemment, par ses actes, ses travaux, ait consacré sa vie à l'œuvre de colonisation algérienne. A ce titre, évidemment, Maillot ne peut être considéré comme un colonisateur, le beau titre qui lui revient suffit d'ailleurs, c'est le « bienfaiteur de l'Algérie ».

L'un de nos correspondants se méprenant, sans doute, crut que nous avions songé à établir une sorte de panthéon des grands colonisateurs algériens et il voulut bien nous adresser sur Roux, le doyen des colons, une notice intéressante, mais dont la teneur trop succincte ne permet malheureusement pas l'incorporation au nombre des mémoires parvenus.

Quatre figures de véritables colonisateurs ont été étudiées en des travaux de grande valeur : Gueydon, Tirman, Bedeau, Dupré de St-Maur.

Dans un travail fort bien présenté, l'amiral de Gueydon nous apparaît pacificateur de la terrible révolte kabyle et habile administrateur sachant profiter, au point de vue de la colonisation, des terres séquestrées et des indemnités versées. L'auteur, après un bon préambule où il rappelle succinctement les grandes figures de colons algériens, fait une consciencieuse étude de son héros terminée par une série de lettres et de proclamations de l'amiral qui complètent bien l'aspect de son caractère et de ses idées.

La personnalité de Tirman est fort bien dégagée dans un mémoire clair et méthodique où l'œuvre considérable du gouverneur est exposée dans tous ses détails. L'importance des résultats acquis par Tirman est suffisamment résumée dans cette phrase du manuscrit :

« La création et le peuplement de nombreux centres, l'extension du territoire civil, la constitution de la propriété et de l'état civil indigènes, les travaux publics, les luttes contre le phylloxéra et les sauterelles, la préservation des forêts et les plantations d'arbres, le développement du commerce, de l'industrie, de l'assistance publique, la réorganisation des divers services, démontrent surabondamment la sollicitude, la persistance avec lesquelles M. Tirman s'occupa des intérêts matériels et moraux de la colonie ».

La personnalité du général Bedeau a donné lieu à un travail qui constitue la première biographie complète de cette grande figure algérienne trop oubliée. Basée entièrement sur des documents inédits et cités, cette étude se fait remarquer par sa méthode et sa clarté. Écrite dans un style concis et excellent, elle montre, dans tous ses détails, la vie militaire du général, tout entière consacrée à assurer la pacification et à étendre la domination de la France, particulièrement dans l'Oranie, puis a favoriser le peuplement et la colonisation dans la province de Constantine.

Bedeau est une grande personnalité algérienne qui a bien servi les intérêts de la colonisation.

Dupré de St-Maur fut un grand colon dans toute l'acception du mot et toujours il a su sacrifier son intérêt personnel à celui de tous. Dans son excellent mémoire, écrit dans un style sobre et clair, l'auteur a su, en retraçant la vie de son héros, faire plus qu'une banale biographie. Par des citations appropriées, par certains actes bien mis en relief il a montré le dévouement utile de son héros à la cause de la colonisation pour laquelle il a lutté toute sa vie contre certaines hostilités, y sacrifiant son temps et la majeure partie de sa fortune.

Tous les personnages choisis, vous le voyez, évoquent de grands souvenirs, et dans la diversité de leur carrière et de leurs efforts, tous ont largement contribué au bien et à la grandeur de l'Algérie.

Pour fixer son choix, parmi tant de grandes figures, généralement bien mises en lumière, le jury s'est attaché surtout aux œuvres qui, basées sur des documents nouveaux ou inédits, présentaient la personnalité de leur héros dans le cadre de ses efforts et de ses résultats, s'écartant ainsi de la sèche biographie pour donner à l'homme qu'ils voulaient glorifier un caractère vivant et net de grand colonisateur.

Partant de ce principe, le jury a décerné à l'unanimité les récompenses suivantes :

1ᵉʳ *Prix* : Mémoire sur Dupré de St-Maur, par l'auteur ayant pris pour devise : « Labor ». — M. Ed. DÉCHAUD, secrétaire de la Chambre de commerce, Oran.

2ᵉ *Prix* : Mémoire sur le général Bedeau, par l'auteur à la devise : « Nec timide, nec temere ». — Lᵗ PAUL AZAN, Paris.

3ᵉ *Prix* : Mémoire sur M. Tirman, auteur à la devise : « Il n'y a de colonisation que quand on attache la famille au sol ». — M. A. ROBERT, membre de la Société Historique Algérienne, administrateur principal de la commune mixte des Maadid à Bordj-bou-Arréridj.

4ᵉ *Prix* : Mémoire sur l'amiral de Gueydon, auteur à la devise : « Aux colons l'Algérie reconnaissante ». — M. LOUIS CÉSAR DOMINIQUE, attaché à la Direction de l'agriculture, du commerce et de la colonisation au Gouvernement général.

1ʳᵉ *Mention* : Mémoire sur Maillot, épigraphe : « Primum vivere ». — M. ALFRED BALLESTEROS, Paris.

2ᵉ *Mention* : Mémoire sur le cardinal Lavigerie, épigraphe : « Aux grands hommes la Patrie reconnaissante ». — M. OSCAR DAMICHEL, Bône (Algérie).

Ces prix proclamés aux applaudissements de tous, la représentation du *Sphinx* commence et chacun suit avec le plus grand intérêt cette épopée dont le caractère archéologique est si bien en rapport avec l'esprit et les travaux de la *Société Historique Algérienne*.

La partie musicale et très brillamment tenue par M. G. Simian dont le talent est si apprécié de tous ceux qui ont la bonne fortune d'être admis aux réunions que cet amateur mondain offre chaque année dans son « home ».

La toute gracieuse Mᵗᵉ Marthe Simian a magistralement accompagné son père ; M. Charles Simian, un autre artiste, (ils le sont tous dans cette aimable famille), a contribué à la réussite des projections dont le succès si complet fait vraiment honneur aux opticiens, Rogier et Millhau, propriétaires du matériel.

C'est aux accords de la musique militaire que la séance a pris fin à 10 h. 1/2 du soir.

PREMIER PRIX

DU

Concours ouvert par la Société Historique Algérienne

Lauréat : M. Ed. DÉCHAUD (Oran)

UN COLON ALGÉRIEN

DU PRÉ DE SAINT-MAUR

Retracer même à grands traits la vie de l'un des héroïques pionniers de la Colonisation algérienne n'est-ce pas un peu écrire l'histoire de cette colonisation elle-même ? Peut-on parler des hommes qui passent sans évoquer l'œuvre qui demeure ? Peut-on rappeler la cause sans en considérer les effets ? Nous ne le pensons pas. Ils se complètent et se définissent. Par les résultats on apprécie l'effort et par l'effort on connaît la grandeur de la tâche.

On n'a plus le temps, dans ce siècle qui court, de regarder derrière ; il faut marcher en avant. Cependant l'histoire du passé renferme, avec de précieux souvenirs, d'utiles renseignements.

En effet, quand on se reporte au delà de ce demi siècle écoulé et que l'on considère les résultats acquis depuis la conquête, on est véritablement étonné de ce qu'a pu réaliser dans un si court espace de temps le labeur de nos vaillants colons et notre reconnaissance émue va vers ceux qui dépensèrent sans compter leur savoir et leur force et qui donnèrent leur vie pour l'œuvre qu'ils avaient entreprise.

Ces vaillants, qui furent aussi des modestes, sont venus apporter dans ce pays, non la conquête brutale par la force, mais la conquête par la civilisation, une conquête tolérante, pacifique, humaine, intelligente, une conquête qui ne déploie pas le despotisme du vainqueur sur le vaincu, du maître sur l'esclave, ni le despotisme de l'unité qui viole les esprits, les cœurs, les habitudes, les préjugés. Ils avaient compris que cette civilisation tyrannique qui commande au lieu de persuader, qui efface les types naturels et nationaux sans y substituer un caractère profond et durable, ne convenait pas aux traditions, ni à l'honneur de la France. Leur mission était plus belle et plus noble : ils venaient, non pour déposséder ou spolier les premiers occupants, mais au contraire pour partager leurs travaux, leur apporter des exemples à imiter, leur fournir des ressources nouvelles et malgré les éléments coalisés contre eux ils menèrent à bien leur tâche. Sous leurs efforts la charrue féconda ce que le fusil avait conquis et avec une merveilleuse rapidité les plaines arides, les marécages pestilentiels, devinrent de riches et saines exploitations agricoles ; au brigandage fit place une ère plus calme dont profitèrent également les conquérants et les conquis.

Si par la force des dates la conquête de l'Algérie remonte à 1830, en réalité notre installation dans ce pays est sensiblement moins ancienne. Il ne faut pas oublier, en effet, que les extraordinaires débats auxquels donna lieu pendant quinze ans la question de savoir ce qu'on ferait de la Colonie naissante arrêtèrent toute initiative de la part des colons. On sait que les uns voulaient l'abandon pur et simple ; d'autres l'abandon déguisé sous la forme d'occupation restreinte. Quant à ceux qui demandaient la domination ils ne savaient même pas quel système il fallait suivre pour l'établir. Dix ans après la prise d'Alger nous ne possédions encore que quelques villes, dans lesquelles nous étions étroitement bloqués. Si de temps à autre franchissant cette ligne de blocus, nous faisions des pointes dans l'intérieur pour ravitailler les garnisons ou pour châtier d'insolentes agressions, notre autorité ne s'étendait pas au delà de la zône protégée par nos colonnes ; l'insurrection s'ouvrait devant elle pour se refermer en arrière.

L'insécurité. — qui a été de tout temps la plaie la plus grave de l'Algérie, — n'était pas seule à empêcher notre pénétration. La situation se compliquait en effet de toutes les imprudences commises, de tous les déboires résultant naturellement de spéculations trop hâtives, de toutes les déceptions et de toutes les amertumes qu'éprouvèrent ceux qui pensaient entrer dans un éden alors qu'au contraire ils se trouvaient aux prises avec toutes les difficultés d'un pays nouveau et encore inconnu.

L'esprit français est également prompt à l'engouement et au découragement. Dans les premiers jours de la conquête un vif enthousiasme éclata de toute part : il se fit de nombreuses acquisitions territoriales ;

des compagnies se formèrent pour l'exploitation des terres ; mais bien rares furent celles de ces tentatives qui réussirent.

La colonisation rencontra également un nouvel et très important obstacle dans l'insalubrité de la Mitidja, ce premier champ d'expérience de la force expansive de la France et sur laquelle s'était portée la convoitise des européens.

En somme la conquête ne fut effective qu'au mois de décembre 1847 par la soumission d'Abd-el-Kader et c'est seulement à partir de ce grand événement que l'Algérie entra dans une ère nouvelle, l'ère de la sécurité, sécurité relative certes ! et du travail ; la loi de Douane de 1851, qui ouvrait les marchés français aux produits de la Colonie apporta à son tour sa contingence à l'œuvre nouvelle.

Mais en raison de la crise financière qui avait si fortement ébranlé la Colonie et du contre coup de la révolution de 1848 la situation était encore à cette dernière époque très précaire et il fallait à ceux qui allaient entreprendre leur dure mission de pénétration civilisatrice, autant de courage que d'endurance, autant d'activité que de discernement !

Elle est nombreuse et brillante la phalange de ceux qui vinrent apporter à cette nouvelle France leur précieux concours et nous pourrions citer au hasard bien des noms connus et aimés : Abadie, qui ne cessa durant près d'un demi siècle d'aider au développement du pays ; Altairac, qui apporta avec lui le germe d'une industrie féconde ; les deux Arlès-Dufour, qui fournirent le concours de leur activité et de leurs importants capitaux ; Bastide, à qui Bel-Abbès doit en partie son superbe développement ; Borély La Sapie, qui ouvrit à la colonisation la magnifique plaine de la Mitidja ; Chalençon, Cordier, Vialar, de Solliers, Fouque, Beauséjour, Trottier, Dufourg, Joannon, Lavie et tant d'autres dont les noms se pressent sous notre plume et qui peuvent être aussi donnés en exemple aux générations qui viennent.

Mais parmi ces hommes qui sacrifièrent leurs intérêts particuliers à la noble tâche qu'ils s'étaient imposés, il en est un qui a laissé des traces particulièrement précieuses de son attachement pour notre Colonie, c'est Du Pré de Saint Maur et, si les hautes qualités dont il a fait preuve dans de nombreuses circonstances de sa vie publique ne l'avaient pas imposé à notre reconnaissance, son titre de premier colon d'Oran l'aurait désigné à notre choix.

En annonçant la mort de M. Du Pré de Saint-Maur survenue le 14 octobre 1877, l'*Echo d'Oran* disait de lui : « Un homme de bien dans la plus large expression du mot vient de mourir ». Jamais éloge ne fut plus justement méritée car jamais vie ne fut mieux remplie.

A peine âgé de 32 ans. Du Pré de Saint-Maur vient à Oran en touriste. Il suit en amateur le général Lamoricière lancé à la poursuite d'Abd-el Kader et se prend pour ce pays, à peine conquis, de cette chaude affection qui ne l'abandonnera jamais. Il conçoit alors l'idée de féconder cette terre que venait d'arroser le sang de nos soldats, au moyen de solides campagnards choisis dans cette énergique Bretagne dont il est le fils. Il revient l'année suivante afin de mettre son projet à exécution. Il retrouve auprès du général Lamoricière, qui est son ami, l'accueil le plus empressé. Le général lui désigne deux points qui lui semblent plus particulièrement propres à la création de centres agricoles : la plage des Andalouses et le beylick d'Ackhbeil aujourd'hui Arbal.

Le choix de Du Pré de Saint-Maur se fixa sur Arbal et il se mit en devoir de solliciter une concession de 1.200 hectares. Dans sa demande Du Pré de Saint Maur résumait ainsi son programme : « Je ne viens « pas chercher une fortune : Je viens risquer une fraction de la mienne. « Pour le grand propriétaire de France, il y a en Algérie un rôle qui « n'est pas sans honneur. Il est digne de savoir exposer des capitaux « pour rendre productive une terre arrosée du sang de tant de Français. » Voila bien le langage du désintéressement le plus pur et bien digne de celui qui devait consacrer sa fortune et sa vie entière à la défense de la colonisation algérienne. Et il eut fort à lutter cet invincible pionnier de la pénétration française, contre les choses et contre les gens ; il eut raison des uns et des autres et son exemple est resté comme le témoignage de ce que peut dans ce merveilleux pays la fermeté d'un homme.

Après de longs pourparlers au cours desquels l'Administration fit tout ce qui lui était possible pour éviter l'installation de ce colon qu'elle jugeait de taille à lui causer bien des embarras, Du Pré de Saint Maur reçut enfin, grâce à l'énergique intervention du Général Lamoricière son titre de propriété.

Il se maria et arriva à Oran au mois de Juin 1846 pour prendre possession de son domaine.

En 1847 on commence la construction de la ferme : les propriétaires n'avaient encore qu'une tente pour demeure.

Du Pré de Saint-Maur est aux côtés de Lamoricière quand, sur l'emplacement actuel de la gare d'Arbal les débris de ce que fut la Deïra d'Abd-el-Kader font leur soumission. Le général dit alors au colon : « Quelque chose de grand s'achève, la conquête par les armes ; mainte-« nant notre épée s'abaisse ; à vous de conquérir la terre par la coloni-« sation ». Jamais Du Pré de Saint-Maur n'oublia ce moment vraiment mémorable. Mais le langage du général qui avait tant fait pour la conquête par les armes, ne devait pas être celui de ses successeurs.

Les systèmes changeaient avec les hommes et comme les hommes modifiaient leurs idées d'après les événements, la question algérienne flottait incertaine sur les flots agités d'une politique qui n'avait ni de raison ni de programme.

Pendant que les militaires jaloux de leur autorité mettaient à décourager les colons plus de zèle et d'application qu'il n'en eut certainement fallu pour assurer le peuplement du pays, les parlementaires et les économistes de toutes écoles préconisaient les mesures économiques et douanières les plus iniques. On alla jusqu'à considérer à leur entrée en France, les produits algériens comme étrangers, si bien que quelque faible que fut la production les malheureux colons n'en trouvaient pas l'écoulement et pour la plus part, abandonnaient la lutte, ruinés, pour retourner dans la Métropole où ils firent à l'Algérie une réputation déplorable.

Cette triste situation faite au producteur, loin de décourager Du Pré de Saint-Maur excite au contraire son ardeur. (1)

Il présente au ministère un travail sérieux tendant à obtenir une révision des tarifs douaniers, en même temps qu'il accepte le lourd fardeau de faire en Algérie d'importants essais de culture industrielle, tâche qui incombait au Gouvernement.

En 1848 les bureaux arabes, définitivement constitués depuis quatre ans commencent à placer le parti militaire en face du parti colonisateur.

Dans ce dernier camp combattra sans trève, comme aussi sans parti pris Du Pré de Saint-Maur : il s'efforcera de déjouer le plan des bureaux arabes, détournés de leur vraie mission et il y réussira dans une certaine mesure.

En 1849 le choléra fait de grands ravages dans la province : Du Pré de Saint-Maur est à son poste, à Arbal, au chevet de ses ouvriers atteints par le terrible fléau.

En 1850, il sollicite du ministère une augmentation de concession pour mettre en valeur des terres improductives.

Favorablement accueillie à Paris, cette demande, bien fondée pourtant, rencontre au bureau arabe d'Oran d'implacables adversaires. Ne voyons-nous pas des officiers de ce bureau contraindre par la force les indigènes de la tribu des Smélas à bâtir des gourbis sur le terrain en question afin de débouter de sa demande le propriétaire d'Arbal au nom des intérêts de ces Smélas.

Les discours de Du Pré de Saint-Maur à la Chambre consultative d'agriculture, au Conseil général d'Oran qu'il eut l'honneur de présider jusqu'en 1868, comme aussi au Conseil supérieur de gouvernement de l'Algérie dont il fut vice-président, développaient cette thèse :

----

(1) Livre d'Or de l'Algérie par Faucon.

« La terre est refusée aux colons ».

M. de Chancel ayant proposé d'introduire en Algérie des nègres du Soudan, De Saint-Maur lui répondit : « La terre manque aux bras français ; non les bras à la terre ».

« On a tout donné », disait encore M. de Chancel. De Saint-Maur répondit par une carte de l'Algérie où les concessions ressortaient comme de petites oasis au milieu d'une solitude immense. La question des terres se complique bientôt de la question des eaux. Au commencement de 1863, De Saint-Maur avait fait creuser à ses frais, à Arbal, un vaste barrage-réservoir pour utiliser les eaux de pluie, comme aussi celles de torrents voisins. Dès lors, s'appuyant sur sa propre expérience, il demandait que l'État s'associât aux travaux de ce genre en faveur des centres de colonisation. Le général Deligny repoussait de toutes ses forces un projet de barrage pour la plaine de l'Habra, comme peu urgent et *inique*....

Dans la séance du Conseil général d'Oran, du 31 octobre 1863, avec beaucoup d'éloquence et de courage, De Saint-Maur réduit à néant les objections, au moins bizarres, du général. Vains efforts ! Le parti pris l'emporte ! Heureusement, l'énergie de Du Pré de Saint-Maur était invincible. Battu devant le Conseil général, il crée une société pour l'acquisition et la mise en culture des plaines de l'*Habra* et de la *Macta*. Un vibrant appel parut dans l'*Écho d'Oran* et remporta un succès complet ; la liste de souscription fut entièrement couverte. L'autorité militaire n'y trouva pas son compte ; aussi se prétendit-elle injurieusement visée par De Saint-Maur. Sans vouloir retrancher une ligne, n'écoutant que la voix de sa conscience, ce dernier rétablit le vrai sens de sa lettre. Il fallait étouffer la parole de ce colon assez osé pour vouloir le développement de la colonisation, de ce colon indépendant et honnête. On traduit en police correctionnelle De Saint-Maur et son courageux imprimeur, M. Adolphe Perrier, que, toute sa vie, De St-Maur honora de son estime.

La salle du tribunal ne peut contenir qu'une bien faible partie des colons accourus de tous côtés. Du Pré de Saint-Maur plaide lui-même sa cause, qui est, dit-il celle de tous les colons, mes frères. Justice lui est rendue. Toutefois, le parquet ne se tint pas pour battu ; il interjette appel. Mais devant la Cour d'Alger, De Saint-Maur triomphe comme il a déjà triomphé à Oran, et la Colonie fait une véritable ovation à son vaillant champion.

De Saint-Maur avait donc su grouper autour de lui des colons de la province d'Oran pour l'acquisition des terres de l'Habra. Comme mandataire de la nouvelle société, il donna un rare exemple de désintéressement en renonçant à toute surenchère et laissant M. Debrousse tirer tout profit de son œuvre.

La colonisation triomphait : son chef renonçait à toute part du butin.

Dieu sait pourtant ce que la victoire coutait à ce chef généreux qui avait laissé dans ce pays à peu près toute sa fortune.

Le 9 août 1865 Du Pré de Saint-Maur se vit l'objet d'une manifestation qui devait marquer dans sa vie de colon et lui faire oublier les amertumes du passé.

Une nombreuse délégation se rend à Oran, rue d'Arzew, chez Du Pré de Saint-Maur. Là, au nom de tous les colons de la province d'Oran, une magnifique coupe en onyx d'Aïn Tekbalek lui est solennellement offerte pour son courageux dévouement à la cause algérienne. Jamais celui qui fut l'objet de cette touchante manifestation n'avait cherché la popularité. Le devoir seul guidait et animait ses actes. A cette heure, la popularité vint à lui.

Ce n'était pas seulement sur le champ de bataille que le chef songeait à ses troupes. A Paris, où des devoirs de famille le ramenaient souvent, Du Pré de Saint-Maur, quoique peu solliciteur de sa nature, ne cessait, en faveur de sa chère Algérie, de demander sans cesse à tous. « A quiconque fera quoi que ce soit pour l'Algérie, je dirai toujours merci », répétait-il à ses amis, quelque peu surpris de voir un fidèle légitimiste comme lui solliciter les ministres de Napoléon III.

Même au milieu de ses luttes ardentes, Du Pré de Saint-Maur n'oublie guère son rôle d'initiateur agricole. Le tabac, la garance, le lin, la cochenille, le coton, sont successivement introduits à Arbal au prix de grands sacrifices. Ses bergeries comptent bientôt de nombreux mérinos; les porcheries abritent de beaux animaux de race anglaise; on élève des chevaux percherons pour les besoins de l'agriculture. Les poules de la Flèche remplacent leurs congénères indigènes. En un mot, rien n'est épargné pour rendre Arbal un domaine modèle, ce qu'il est d'ailleurs officiellement devenu.

La tâche d'huile s'étend : l'exemple porte ses fruits. Rude leçon pour un Gouvernement qui, loin de montrer la voie à suivre par des fermes-écoles, paralysait les progrès de la colonisation.

Une banque agricole fut essayée dans la province, pour délivrer les colons des prêts usuraires.

Les entraves de la législation financière en ajournèrent les précieux résultats ; mais la voie était ouverte.

Parmi ses travaux en faveur de l'Algérie, mentionnons la part active prise par Du Pré de Saint-Maur à la formation des Compagnies de chemins de fer. Il fut administrateur des chemins de fer algériens. Pour eux aussi il rompit bien des lances.

Si Oran tenait une large place dans les pensées de Du Pré de Saint-Maur, il ne se désintéressait pas du reste de l'Algérie; il professait pour la ville d'Alger une vive admiration et il ne parlait jamais qu'enthousiasmé de l'œuvre magnifique accomplie pour mettre la belle plaine de la Mitidja en rapport Il était avant tout colon algérien et tout ce qui avait été fait ou tenté pour mettre la colonie en rapport l'intéressait à un titre égal.

Durant les trente années de sa vie de colon, nulle affaire d'intérêt algérien ne s'est traitée hors de lui. Après une vie admirablement remplie du Pré de Saint-Maur s'est éteint à Oran le 14 octobre 1877.

Ses funérailles furent imposantes : ceux qui ne partageaient pas ses idées religieuses et politiques oublièrent leurs dissentiments pour s'unir aux amis du défunt, et tous, riches et pauvres, civils et militaires, laïques et religieux, tinrent à honneur de rendre un dernier et suprême hommage à la mémoire du plus sincère ami que l'Algérie ait jamais eu ; de celui qui avait tout sacrifié pour elle et dont le souvenir doit être conservé comme celui d'un homme de bien, d'un grand cœur et d'un vrai patriote !

Il n'est pas sans intérêt pour l'histoire de la Colonisation de constater que si du Pré de Saint-Maur a heureusement réussi dans la constitution de son domaine d'Arbal qui est, sinon la plus belle, du moins l'une des plus belles exploitations agricoles de l'Algérie, par contre il a été moins heureux dans la seconde partie de son programme.

Comme beaucoup de Français d'alors, de Saint-Maur avait songé à grouper autour de lui une petite colonie de bons campagnards de France qui seraient venus apporter ici, avec la langue nationale, nos mœurs et nos coutumes.

Mais ce fut en vain qu'il tenta de retenir ceux qui l'avaient suivi et comme dans maintes autres circonstances, nos compatriotes pris du désir de revoir le clocher natal s'en retournaient d'où ils étaient venus, laissant leur place aux indigènes et aux étrangers.

Cependant l'idée était juste car il est incontestable que toujours, mais surtout à cette époque lointaine, le colon isolé, le colon individuel en quelque sorte, avait peu de chances de succès. Son capital s'épuisait dans les frais de premier établissement. Il ne lui restait rien pour la culture, encore moins pour vivre en attendant la récolte.

On chercha à diverses époques à reprendre, toujours sans grand succès, l'idée de Saint-Maur, qui avait été avant lui celle de l'Abbé Landmann qui proposait l'établissement de fermes composées de vingt-cinq familles de colons, de cinquante enfants orphelins et d'un certain nombre de manœuvres indigènes le tout sous la direction du Conseil composé ce cinq personnes.

M. Achard, membre du Conseil général du Bas-Rhin, après avoir étudié durant de longues années les mœurs des alsaciens, leurs dispositions agricoles, les causes des émigrations, s'est transporté en Algérie en

1845 pour juger s'il ne serait pas possible de tourner au profit de cette seconde France cet esprit voyageur et colonisateur. Il proposait de grouper des colons alsaciens sous les auspices de leur commune originaire, avec les mêmes voisinages de famille, de manière à éviter la nostalgie, si funeste, en tous pays, à tous émigrants séparés les uns des autres et perdus sur un sol nouveau. Mais les deux systèmes n'eurent également que très peu de succès.

Malgré l'insuccès de ses projets de colonisation collective, l'œuvre de Du Pré de Saint-Maur est considérable et si l'on considère le rôle prépondérant qu'il a joué en Algérie, le dévouement incessant qu'il a apporté à la défense des intérêts de la colonie, le désintéressement dont il a fait preuve, puisqu'il a sacrifié sa fortune à l'œuvre qu'il avait entreprise, on ne peut nier que cet homme de bien ne soit le premier colon algérien.

Son mérite ne diminue du reste en rien la valeur des efforts faits par d'autres de nos compatriotes pour le triomphe du génie colonisateur de la France, et en rendant hommage à Du Pré de Saint-Maur, il nous est agréable d'associer à son souvenir tous ceux qui ont, comme lui, sacrifié leur existence et leur fortune au triomphe d'une idée à la fois philantropique et nationale.

Car chez ces braves, la vaillance du colon algérien savait s'allier au courage militaire.

En 1870, au siège de Paris, nous retrouvons sous l'uniforme militaire, celui qui avait déjà blanchi sur les champs de bataille de la colonisation. Propriétaire à Paris, Du Pré de Saint-Maur estime qu'il est de son devoir de prendre part à la défense de la capitale. Ses deux fils aînés sont sous les drapeaux ; cela ne lui suffit pas. En vain, quand à la mairie du huitième arrondissement, il vient avec le plus jeune de ses fils s'enrôler, objecte-t-on l'âge des deux volontaires. « J'ai cinq ans de plus que l'âge voulu, répondit-il, mon fils, cinq ans de moins ; il y a compensation ». Et l'on vit dans les rangs du 69ᵉ bataillon de la garde nationale, à côté l'un de l'autre, un enfant et presque un vieillard, décoré de la Légion d'Honneur, faire noblement leur devoir sur les remparts battus par la mitraille prussienne durant le terrible hiver de 1870-1871.

Telle fut, à grands traits, la noble et lumineuse figure de Du Pré de Saint-Maur.

Aujourd'hui, grâce à de tels hommes, l'Algérie n'est plus une colonie, c'est mieux, c'est la patrie, c'est la France elle-même qui étend son territoire et sa nationalité. Ce sol est français par notre sang, par notre gloire, par notre industrie et par notre agriculture. Il a été conquis deux fois par l'épée et par la charrue et c'est pourquoi il est doublement attaché à notre chère Mère-Patrie.

EN VENTE A LA LIBRAIRIE A. JOURDAN

Alger. -- Typ. A. Jourdan.